काव्य रश्मि

डॉ. सविता वर्मा

/ BookLeaf
Publishing

India | USA | UK

Made with ❤ on the BookLeaf Publishing Platform

www.bookleafpub.in

www.bookleafpub.com

Dedication

यह पुस्तक "काव्य रश्मि" परम पिता परमेस्वर को समर्पित है,
जिनकी प्रेरणा से यह कार्य सम्पन्न हुआ।

Preface

"काव्य रश्मि" पुस्तक एक काव्य संकलन है इस पुस्तक की कविताओं में मानव के वास्तविक जीवन का मार्मिक चित्रण है । जन मानस की संवेदना को शब्दों में पिरोकर कविता बद्ध किया गया है ।बहुत ही सरल शब्दों का प्रयोग कर पाठकों तक अपनी भावनाओं को संप्रेषित करने का प्रयास है ।

मेरी आशा है कि मेरी यह प्रयास पाठकों की कसौटी पर एक सफल प्रयास होगा ।ये कविताएँ पाठकों को जीवन में अभिप्रेरणा देंगी इसी प्रत्याशा के साथ मेरी शुभकामनाएँ है ।

Acknowledgements

मैं अपनी इस पुस्तक "काव्य रश्मि" के प्रकाशन के लिए सर्वप्रथम बुक लीफ़ प्रकाशन के प्रति अपना आभार व्यक्त करती हूँ,जिन्होंने मेरी कविताओं को प्रकाशित करने में सहयोग किया और आज मेरे प्रिय पाठकों तक पहुँच रहा है ।

मैं हृदय से आभार व्यक्त करती हूँ अपने बच्चों के प्रति जिन्होंने लेखन से प्रकाशन प्रक्रिया तक मेरा सहयोग किया एवं मुझे प्रोत्साहित किया है ।मैं अपने उन बंधुओं के प्रति भी आभार व्यक्त करती हूँ जिन्होंने मेरी कविताओं की हमेशा प्रशंसा की और मुझे सदा ही लिखने के लिये प्रोत्साहित किया है ।मैं अपने परिवेश के लिए भी आभार व्यक्त करना चाहूँगी जिनसे मुझे लिखने की प्रेरणा मिली ।

१. मेरी पहचान पुरानी है

मेरी यादों की चिलमन
अहसास सदा ये देती है,
इन भूली बिसरी गलियों से
मेरी पहचान पुरानी है ।
इक अरसा पहले थी ये अपनी
अब क्यों लगती बेगानी है,
परायी अवगत होती है
किन्तु पहचान पुरानी है ।
बीते लम्हों की तस्वीरों ने
मेरी संवेदना को झकझोरा है,
इन गलियों और चौबारे में
रमता बसता प्रीति हमारी है ।
होंठों पर थिरकते शब्दों ने
यह अभिव्यक्ति कर डाली है,
इन भूली बिसरी गलियों से
मेरी पहचान पुरानी है ।
इन पेड़ों के पत्तों के
थिरकन की गीत पुरानी है,
खग वृंदों के कलरव गान की
सिलसिला अब भी न्यारी है ।

इन गलियों से मेरी बालापन की
चंचलता अवशोषित है,
वह खेलना गिरना और निःसृत रक्त
इस मिट्टी में समाहित है ।
मेरी किशोरावस्था की जीवन शैली
इन हवाओं में संरक्षित है,
मेरी आकांक्षाओं और संघर्षों की कहानी
कण कण में संकलित हैं ।
किशोरावस्था का अवसान और
वृद्धावस्था का आह्वान है,
किंतु मेरी यादों के झरोखे में
वर्तमान सा विद्यमान है ।
गलियों की झंकारों में
है कृतियाँ मेरी अब भी जागृत,
है नहीं यहाँ पहचान मेरी
मन नहीं करता यह स्वीकृत ।
कातर मन दृढ़ता से यह दुहराता है
उन बीते पलों का संस्मरण मेरी एक विरासत है
वर्तमान भले ही कर दें मुझे विस्मृत
किन्तु अतीत में मैं सदा ही हूँ स्थित ।
मेरी मन की तृष्णा और आसक्ति
यह दुहरातीं है ,
हाँ हाँ इन गलियों से
मेरी पहचान पुरानी है ।
ये गलियाँ साक्षी है
हमारी संस्कृति की ,

पूर्वजों के पराक्रम और
ओजस्वी शक्ति की।

२. कण कण में वह व्याप्त है

कण कण में वह व्याप्त है
वह ब्रम्ह और ब्रम्हाण्ड है,
भ्रमित मानव ढूँढता
उसके अस्तित्व का प्रमाण है ।
ऋषियों मनीषियों ने है
किया साधना दुस्साध्य ,
निज प्रज्ञा से प्रभु स्वरूप का
वर्णन किया अलभ्य।
हे प्रभु
तुम सृजन सूत्र और
स्वयं सृष्टि हो,
स्थूल से सूक्ष्म तक
व्यक्त अव्यक्त स्वरूप हो।
तेरे विलक्षण अस्तित्व को
शब्दों में पिरो न पाऊँगी,
छंदों और अलंकारों में
चित्रित न कर पाऊँगी।
तुम्हारे स्मरण की वह
अनमोल अनुभूति,
आत्मभूत ही रह जाती है

तेरी वह दिव्य विभूति ।
तेरा वह नैसर्गिक प्रेम पाश
अवगुंठित करता है
एक अलौकिक आभास ।
मौन संवेदना स्वरूप
अस्तित्व है तेरा,
दीर्घ उछववास भी
अड़चन का रूप ठहरा ।
वह क्षण
अतिशय आनंद और
एकत्व की अनुभूति होती है,
मन भ्रम विभ्रम से मुक्त। होता है
प्रत्यक्ष स्वरूप की अनुभूति होती है ।
तू ज्ञान में नहीं प्रमाण मे भी नहीं
तू स्वर में नहीं सुर के झंकार में भी नहीं ।
तू तो बसता है
हृतंत्री के तार में,
और बसता है प्रेम राग
और समर्पण के उन्माद में ।
तुम ही राग भी
और रागिनी भी,
आराधना भी तेरी,
और तुम ही आराध्य भी ।
भावना है मेरी
किन्तु भाव हो तुम,
संसार भी तुम्हारा
आध्यात्म भी हो तुम ।

प्राणिमात्र के प्रणेता
और कालक्रम नियन्ता,
हे भुवन के स्वामी
तुझमें है नियन्त्रण प्रगल्भता ।
जगत् स्रोतस्विनी के
हो उद्गमस्थल तुम,
इस पयस्विनी की तरंगें
और तटबंध भी हो तुम ।
ज्ञान और कर्म की
संसृति भी हो तुम,
अन्तस की साधना
और शून्यता भी तुम ।
श्वासों की
हर तार हो तुम,
प्रति श्वास का
अभिज्ञान भी तुम ।
अनिवर्चनीय स्वरूप के
अधीष्ठाता हो तुम,
ब्रम्हाण्ड के सूक्ष्म तत्वों में
हो अन्तर्विष्ट तुम ।
जीवन भी तुझसे
मृत्यु भी तुझमें ,
मायाजाल भी तुम्हारा
वैराग्य भी है तुझमें ।
ज्ञान ग्रंथ के हो
स्वरूप तुम ,
ग्रंथ के हर शब्द

में हो समाविष्ट तुम ।
कल्पनातीत है
व्यापकता तुम्हारी,
है अनिर्वाच्य
सौष्ठव तुम्हारी ।
शब्दों के श्रृंगार में
हो रहा है नामकरण तेरा,
निराकार का आकार में
ढूँढते है प्रमाण तेरा ।
पत्थरों को तराश कर
रूप निर्मित तेरा है कर लिया,
सत्य और सत्व से दूरस्थ
स्वरूप कल्पित कर लिया ।
तेरे अन्तस में ही है
उसका निवास,
ज्ञान के प्रकाश में
उन्हें देखने का कर प्रयास ।

३. मैं क्षितिज का दिनकर हूँ

मैं क्षितिज का दिनकर है
हूँ अरूणाभ गगन का दीपक ।
दिवस के भाल का तिलक हूँ,
हूँ प्रात के प्रभास का नायक ।
प्राणियों के स्वर स्फुरण का
अधिनायक हूँ,
समस्त प्रकृति और प्राणी के
ऊर्जा का कारक हूँ ।
मैं क्षितिज से उगता सूरज हूँ,
प्राणियों के संघर्ष रथ का सारथी हूँ ।
उनके कर्तव्य परायणता का विधि हूँ ।
अवनि से अम्बर तक प्रकाश स्रोत हूँ,
सृष्टि की निधि हूँ और
चेतना का उद्गम हूँ ।
कालचक का प्रतीक हूँ,
लक्ष्य गामी पथिक हूँ ।
प्रकृति से प्रणीत हूँ,
नियमों मे सीमित हूँ ।
क्षितिज से अवतरित हूँ,
क्षितिज में विलीन हूँ ।

उदय और अस्त की रीति विदित है,
इस धरातल के प्राणी गण
इस नियम के अधीन है ।
आगमन और गमन का
केन्द्र यह धरणी है,
युग युगान्तर की कथा
यहाँ संग्रहित है ।
मैं साक्षी हूँ इस इतिहास का
मानव के विकास और विनाश का ।
मैं क्षितिज का दिनकर हूँ
हर काल का साक्ष्य दीप हूँ ।

४. अनोखा रिश्ता

कुछ रिश्ते स्वरचित और अनोखे होते हैं,
स्नेह और संवेदना से निर्मित होते हैं ।
इस रिश्ते का नहीं होता कोई प्रमाण है,
यहाँ अपरिमित अहसास का सम्मान है ।
होता है एक नैसर्गिक रूप इसका,
शब्दों में अभिव्यक्त नहीं हो सकता ।
इस रिश्ते का
एक मौन तरंगित रूप है,
निश्शब्द किन्तु
अनन्त कथा स्वरूप है ।
वाह्य पहचान की धरातल
इसका आधार नहीं है, ।
इस रिश्ते मे कोई
तोलमोल का व्यापार नहीं है ।
अनन्य प्रेम भावना का
प्रवाल यहाँ है
प्रसुप्त किन्तु अन्तस में
रसाल यहाँ है ।
अन्तस्तल के सीप का मोती है यह ,
इक अनोखे रूप में संपोषित है यह।

कभी शबनम की बूँद सी
चमक उठतीं है यह।
भावनाओं को सप्तरंगी
बना देती हैं यह ।
विक्षोभ और कलुषता का
यहाँ प्रसार नहीं है,
निर्लिप्तता और लिप्तता
यहाँ स्वीकार नहीं है ।
जगत् के प्रपंचों से
यहाँ अनुराग नहीं है ।
यहाँ वेदना वियोग का राग नहीं है ।
द्वन्द्वों और द्वेष का भाग नहीं है ।
यहाँ सम्मान का संज्ञान अद्भुत है,
देता जीजिविषा की शक्ति प्रचुर है ।
यह रिश्ता सूने मन की साज है,
नीरवता में इक सुरमयी राग है ।
इस अनोखे रिश्ते का नहीं कोई नाम है,
उस प्राणनिधान का अंश रूप प्राण है ।

५. एक ऐसा भी जीवन संग्राम

गर्मी और तापमान से बेख़बर
इस चिलचिलाती धूप में ,
है नंगी पाँव
वह निरंतर चलती रही ।
पेड़ों से गिरते महुआ है चुन रही,
माथे पर उसके है टोकरी
महुआ उसमें है भर रही।
क्षुधा प्रबल जब होतीं है,
महुआ खा संतृप्त हो जाती हैं ।
पिपासा प्रबल जब होती है
किसी गढ़े का जल वह पीती है ।
प्रात उषा के रथ का आगमन होता है
उसको आगाह कर देता है,
उठके कर भूमि को नमन
तुझे जीवन के रणक्षेत्र में जाना है ।
इक ऐसा भी है जीवन संग्राम
अज्ञात चुनौतियों से है पूर्ण सोपान ।
बालापन और भोलापन
है उसके हिस्से में नहीं यहाँ,
माथे पर उसके इक टोकरी

और पीछे इक बच्चा है बँधा ।
जब उसने चलना सीखा था नहीं,
किसी और के पीछे बांधी गई,
सीख लिया जब उसने चलना
पीछे बच्चे को बांध है चलना पड़ा ।
उसे स्वयं सँभल कर चलना है
बच्चे को भी सँभालना है ।
इस बालापन का
यह उसका उपहार है ।
है नहीं उसको
सुख दुख का संज्ञान,
है इक मौन जीवन
और जीविका का है संग्राम ।
धूप हो या छाँव हो चलना है उसे अनवरत,
आजीविका हेतु संग्रह करना है सतत।
उसके संसाधन जंगल से है,
लकड़ियों मिट्टी और फल से है ।
नित्य अरुण की नई रश्मि,
उम्र की एक कड़ी है जोड़ जाती ।
किशोरावस्था की ओर
उन्मुख है कर जाती ।
बाल सुलभ स्वच्छंद जीवन का
पाया नहीं उसने अहसास है,।
संघर्ष पूर्ण जीवन शैली ,
उसका यही मनुहार है ।
संवेदना शून्य जीवन यहाँ,
यह जीवन का संग्राम है ।

किशोरावस्था की देहरी पर आते ही,
घर की देहरी से दूर हो जाती हैं ।
माँ बाप और नाते रिश्ते,
परिणय सूत्र में बाँधने को
उद्यत हो जातें है ।
विवाह के लिए है सब भाव विभोर,
और है अव्यक्त
लड़की के मन का शोर ।
उसके जीवन को नया आयाम है मिला,
या इक नया
जीवन का चक्रव्यूह मिला ।
भींगे पलकों से
माँ ने है उसको विदा किया,
किन्तु आकुल बोझिल हृदय स्पंदन
है पूछ रहा
क्या बिटिया को तूने
मन वांछित जीवन दिया ?
तुम ने तो रीति रिवाज
मानदंड स्थापित किया ।
आज भी स्त्रियाँ बिना प्रतिकार
त्रस्त जीवन जी रही,
श्वासों में सिसकियाँ
हर पल सम्मिश्रित है कर रहीं ।
निस्संदेह युग बदला है
किन्तु आज भी नारी अबला है,
युग के अनुरूप

प्रताड़ना का रूप ही तो
बदला है ।

६. आज रहने दो अकेला

मेरा उद्विग्न मन यह कह रहा है,
आज रहने दो अकेला ।
है नहीं स्वीकार मुझको,
प्रवंचना पूर्ण सलिला ।
कर दिया भस्म मैंने दर्द का आगार है,
अब नहीं मर्म में कोई अग्निज्वाल है ।
उस क्रूर अतीत की स्मृति अब है नहीं,
मन मेरा विचलित अब है नहीं ।
ख़्वाहिशों का अब
कोई तक़ाज़ा है नहीं,।
दूर रहने दो अब ये मेला,
आज रहने दो अकेला ।
हो चुकी रिश्ते की गहराई से अवगत,
ठगतीं रही है लोकरीति मुझको अनवरत।
निराधार सौहार्द से है अब उन्मुक्त मन,
निज नीड़ में निश्चिंत हूँ
है नहीं कोई चुभन ।
आज रिश्ते का डोर मुझे बांधने है नहीं चला,
आज रहने दो अकेला ।
अगणित सपने हमारे,

रहे टूटते और बिखरते,।
आज निर्भीक हूँ उस प्रहार से ,
अब नहीं है हम सिसकियाँ भरते ।
इस उन्मन मन में
है नहीं चपलता की चाहत अब,
यह तो उन्मुख है
तपोवृत्ति की राह पर।
है नहीं दुनिया अलबेला,
आज रहने दो अकेला ।
अब किसी प्रतिक्षा हेतु
मेरे चक्षु शिथिल है नहीं ।
अब किसी अतीत से,
मन व्यथित है नहीं ।
स्व सम्मान का भाव,
अब प्रबल है,
आज ज्ञात है मुझे
जीवन नहीं निष्प्रयोजन है ।
आज मेरी साधना तृष्णा विहीन है,
शून्यता के बिंदु पर
आज यह आसीन हैं ।
आज रहने दो अकेला
प्राण रहने दो अकेला ।

७. आज मन उदास है

न जाने क्यों आज मन उदास है,
न कोई उलझन है न कोई काश है ।
सम्पूरित मन का भी अहसास है,
फिर भी न जाने क्यों आज मन उदास है ।
भोर और साँझ की तरह
दैनन्दिन जीवन सामान्य है,
है नहीं कोई बेचैनी
और नहीं कोई अवसाद है ।
फिर भी न जाने क्यों
आज मन उदास है ।
प्रतिकार वश मन का विवेक,
ढूँढ रहा इस द्वंद्व का समाधान है ।
है कर रहा चेतना में
गहन खोज यह
आज विचारों में क्यों
अवरोध और विरोध है ।
क्यों अनायास ही
आज मन उदास है ।
विश्लेषणात्मक एक उत्तर
हुआ प्राप्त है,

आज स्वयं का स्व से
पहचान का टकराव है ।
जगत वंचना से विरक्त मन,
आज स्वयं में आत्मसात् है,
कर रहा स्वयं की
खोज का प्रयास है,
इसलिए आज मन उदास है ।
स्वयं की पहचान औरों से
निर्मित निर्णायक मानदंड पर
करता रहा ।
बाहरी जगत् के रंग में
ग़म और ख़ुशियाँ ढूँढता रहा ।
आज स्वयं की खोज का विन्यास है
आज मन इस लिए उदास है ।
स्वयं को स्वयं के मानदंड
पर ग़र परख लिया होता
निज अस्तित्व का बोध किया होता
आज मन उदास नहीं होता ।
आज उदासी का कारण यह नहीं
कि कोई दूर है या न कोई पास है ।
सत्यता यह है कि
आज अन्तर्ज्ञान का आभास है,
स्व स्थित मन आज प्रकाशमान है ।
अतीत के प्रभाव वश
आज मन उदास है ।
अतंस में एक विक्षोभ
का भूचाल है ।

यह उदास मन मूक नहीं वाचाल है ।
उदासी मूलतः
जीवन की अनुभूति का प्रत्याहार है
इसलिए होता नहीं
कोई शिशु मन उदास है ।

८. मैं हूँ एक दीपशिखा

मैं हूँ एक प्रज्वलित दीप शिखा,
और हूँ अकम्पित प्रखर ज्योति शिखा ।
मेरी आकांक्षाएँ इस शिखा की तेल है,
मेरा दृढ़ निश्चय यह प्रज्वलित बाती है ।
त्याग और समर्पण का रूप है
यह दीप शिखा,
प्रेम ज्योति पुंज स्वरूप है
यह दीप शिखा ।
अज्ञान के अंधकार का कर शमन
आत्म ज्ञान की करे स्थापन।
बाधाओं के ओले तो बरसते ही रहेंगे,
किन्तु धैर्य वश ये जलते रहेंगे ।
मैं हूँ एक दीप शिखा
प्रबल तिमिर मैंने है देखो ।
वसुंधरा पर जलती इस
दीप शिखा की है वांछना
निराशा और अंधकार की
करे वंचना ।
है सरल नहीं इस जग में
दृढ़ता से जलते रहना,

छलछद्म की व्यापक कालिमा को,
तिरोहित कर देना ।
हर दीप शिखा को एकाकी
ही जलना होता है,
अपनी शक्ति का प्रकाश
ही अस्तित्व बनाता है ।
मैं एक दिव्य ज्योति हूँ
अपने अंतस् की दीप्ति हूँ ।

९. शीतली बयार और ज्येष्ठ की दहकतीं धूप

आज की मानव संस्कृति
है अप्रतिम स्वार्थ अभिभूत,,
प्रताड़ना की है पराकाष्ठा
और है मानवीय मूल्यों से दूर ।
शीतली बयार और
ज्येष्ठ की दहकती धूप,
कभी नहीं हो सकती इतनी क्रूर ।
निस्संदेह शीतली बयार
देता है शरीर को चुभन ,
दहकते धूप की तपन
आक्रांत करता है तन।
किन्तु ये कालचक्र से है बँधे
अपने कर्म में है सधे ।
नहीं करते ये नियमों का उल्लंघन,
क्षणिक प्रभाव का है
यहाँ समंजन ।
किन्तु आज का मनुज
हर नियम की अवज्ञा है कर रहा,
जीवन के अतीत से वर्तमान तक

अन्याय चक्र है चला रहा ।
प्रकृति की हर कला है कर रही
मानव जीवन को संरक्षित,
किन्तु मानव की यह संस्कृति
मनुष्य को हरपल कर रहीं आतंकित।
रिश्ते की मधुरता
आज ज्वाला है बनी,
परिवार और परमार्थ
कहानियों में है रह गयी ।
रिश्ते की ज्वाला में वह
तिल तिल है जल रहा ।
अपने पन की मृगतृष्णा में
प्रतिपल है झुलस रहा ।
मनुष्य के वाक् बाण
शीतली बयार से है तीक्ष्ण कर,
व्यवहार की क्रूरता की आग
धूप की जलन से है तीव्रतर ।
यह शीतली बयार और
दहकते धूप भी है हतप्रभ ।
विरलता से कह रहा-
"यह कैसी मानव संस्कृति सूत्र है,
यह कितना बर्बर समाज है ।
बड़ा ही विकृत संस्कार है,
इनकी सभ्यता बड़ी ही विद्रूप है ।

१०. भीड़ का भय

उस भीड़ का है भय मुझे,
जो मेरी संवेदनाओं पर है करते प्रहार ।
और जिनकी उक्ति में,
होता है हर पल कटाक्ष।
मैं भयभीत हूँ-
उस जन सैलाब से
जो मेरी तन्हाई का है करते उपहास ।
मेरी शांति है उनके लिए आपदा,
किन्तु यह शांत मन है मेरी संपदा ।
रहता है मेरा मन पलायित उस भीड़ से,
जो है सुसज्जित-
आलोचना और आरोप के तूणीर से।
है मुझे एकाकीपन में शुकून,
है नहीं मुझे भीड़ के थपेड़ों का जुनून।
यह चाँद तारे सब मेरे लिए मनमीत है,
प्रेम है इनका निश्छल
नहीं कभी अभिनीत है ।
उस प्रीति से मन मेरा अभिसिंचित है,
जिसमें न कोई शर्त है
और नहीं कोई चाह रिक्त हैं ।

मेरे सन्नाटे में कोई चीख पुकार नहीं,
यहाँ अन्तर्नाद की
संगीत सर्वदा है गूंज रही ।
यह एकांत एक दिव्य शक्ति को,
है संयोजित कर रहा,
भीड़ के टकराव से
बिखरने से है बचाव कर रहा ।
भयभीत हूँ
भीड़ के उस स्वभाव से,
जो करते हैं खंडित शांति
बड़े ही निर्मम भाव से ।
यह शांति है मेरी प्राण शक्ति,
परमशक्ति में तल्लीनता की है अनुभूति ।
भीड़ सदा ही करतीं अधीर है,
आत्मा के लिए एक पीर है ।

११. भारत की पहचान

यह भारत कोई नव निर्मित भूखंड नहीं,
है ऋषियों मनीषियों की तपोभूमि यह ।
है यहाँ ब्रम्ह और ब्रम्हाण्ड का ज्ञान ग्रंथ,
यहाँ सीमित
आधुनिक ज्ञान का कोई शोध नहीं ।
शास्त्र सम्मत थी परम्परा हमारी,
कर्म वर्ण समन्वित थी
सामाजिक संरचना हमारी ।
कला ज्ञान विज्ञान का है अधिष्ठाता यहाँ,
है महर्षि पातंजलि का योगसूत्र,
और पाणिनि का व्याकरण यहाँ ।
प्राचीन तम था विश्वविद्यालय
और ज्ञान केंद्र यहाँ ।
अगणित ग्रंथों की सूची
और ज्ञानियों का था आगार यहाँ ।
शून्य के अन्वेषक आर्यभट्ट हुए यहाँ,
कामसूत्र के रचयिता वात्स्यायन भी यहाँ ।
गौतमबुद्ध और महावीर का अवतरण यहाँ ।
धर्म और सत्य के स्वरूप का
हुआ उद्बोधन यहाँ ।

चिकित्सा विज्ञान में अग्रणी सदा रहा,
विख्यात शल्य चिकित्सक सुश्रुत
की यह धरती रहा ।
नीति विदुर की और कूटनीति चाणक्य की,
अकाट्य और उपमेय है आज भी ।
साहस और वीरता का प्रतीक यह भूमि है,
पृथ्वीराज और महाराणा प्रताप की
मातृभूमि है ।
वीरांगनाओं के बलिदान का
यहाँ इतिहास है,
लक्ष्मीबाई अवन्तिवाइ,तुलसीवाइ,
ने रचा वीरता का इतिहास है ।
हमारी सांस्कृतिक विरासत
उत्कृष्ट और अतुल्य है,
शिल्पकला और वास्तुकला का
सौंदर्य अनोखा और अद्वितीय है ।
है विस्मित करती
अजंता एलोरा की गुफा,
निर्निमेष हो देखते सब
मिथिला की चित्रकला ।
नृत्य कला और संगीत की
विविधता यहाँ भरपूर है,
भारत नाट्यम कत्थक ओडिशी
की नृत्य शैली करती मनमुग्ध है ।
शास्त्रीय संगीत में राग माधुर्य अतुल्य है,
राग भैरवी यमन और विलावल के
राग माधुरी अपूर्व है ।

साहित्य सृजन की परम्परा
युग युगांतर से यहाँ समृद्ध है,
कालिदास वराहमिहिर ,गार्गी मैत्रेयी
और चंदवरदाइ की रचनाएँ प्रबुद्ध हैं ।
प्रकृति की अनुपम छटा
यहाँ ईश्वरीय वरदान है,
झीलों का शहर उदयपुर
और गंगोत्री हमारी शान है ।
आयुर्वेदिक जड़ी बूटियों से
जंगल यहाँ परिपूर्ण हैं,
पर्वतीय शृंखला
एक प्राकृतिक अनुदान है ।
हमारी सभ्यता की प्राचीनता की
गवाही मोहनजोदड़ो है दे रहा,
एक शहरी उत्कृष्ट
सभ्यता का प्रमाण है दे रहा ।
स्थूल से सूक्ष्म तक
विभूतियाँ अपार है,
दधीचि की अस्थिदान और
कर्ण का कवच कुंडल का दान
एक प्रमाण है ।
त्याग और वलिदान की
यह स्थली पर्याय है,
भीष्म की प्रतिज्ञा और राम की
वचन वद्धता प्रमाण है ।
भगवद्गीता भारत की पहचान है,
यहाँ भारतीय संस्कृति का मूलज्ञान है ।

सद्गुण,सद्भावना भारतीय
गुरुकुल शिक्षा की बुनियाद थी,
प्रकृति के कण कण से प्रेम करना
शिक्षा की नीति रीति थी ।
उपनिवेशवाद थी नहीं
भारत की नीति,
वसुधैव कुटुम्बकम ही
भारत की है संस्कृति ।
आक्रांताओ ने भारत भूमि को
खंड खंड है किया,
हमारी संस्कृति और शील को
क्षत-विक्षत है किया ।
हमारे शास्त्रों की आहुति दे
शस्त्रों से जन संहार है किया ।
मानवता का विध्वंस कर
दानवता का शिलान्यास किया ।
आज भारत आतंकवाद से
संघर्ष है कर रहा,
देशद्रोहियों के दंश को
धैर्य पूर्वक सहन है कर रहा ।
सहृदय जन मानस आज त्रस्त हैं
स्रस्त हो गई मर्यादा हमारी,
और हम निःशक्त है ।
इतिहास में हमारी संस्कृति को
अपभ्रंशित कर लिखा गया,
और इसका प्रमाण दे कर
हमे आत्म कुंठित किया गया ।

किन्तु नहीं मौन अब सहन है,
आततायियों का करना अब दहन है ।
माँ भारती को नमन है ।

१२. सनातन धर्म और संस्कृति

सनातन धर्म और संस्कृति,
है मानव की अमूल्य विभूति ।
है यहाँ स्थापित सद्भावना की वृत्ति,
है नहीं यहाँ बर्बरतापूर्ण कोई उक्ति ।
शांति और सौहार्द समन्वित
है यहाँ ज्ञान पद्धति ।
है यहाँ अलौकिक सत्य ज्ञान,
नहीं कोई किंवदंती ।
ईश्वर की सर्वव्यापकता का
यह धर्म प्रतीक है,
आत्मानुभूति ब्रम्ह का
इस धर्म में निहित हैं ।
जीवन जगत् और स्वयं का संज्ञान,
यह धर्म का मूलज्ञान है ।
द्वेष कटुता क्लेश का
नहीं कोई स्थान है ।
सम्मान और अभिवादन की
यहाँ संस्कृति है ।
सनातन धर्म के सृजन का
नहीं कोई काल है,

नहीं कोई प्रणेता और
नहीं कोई प्रचारक संस्थान है ।
यह किसी दूत द्वारा
स्थापित नहीं पंथ है,
आदिकाल से है स्थापित,
होगा नहीं कभी अन्त है ।
आसुरी वृत्तियों ने इसके
अस्तित्व की समाप्ति का,
किया अथक प्रयास है ।
किन्तु काल पर्यन्त कर न पाया,
विलुप्त इसका इतिहास है ।
सनातनियो का कत्ल किया,
ग्रंथों का किया दहन है ।
किन्तु आज भी सनातन की
जल रही ज्योति अखंड है ।
यह धर्म है आत्म साक्षात्कार
और ब्रम्ह और ब्रम्हाण्ड के ज्ञान का ।
प्रकृति और प्राणी मात्र के
एकत्व का ज्ञान है ।
संतवृत्ति और सात्विकता,
इस धर्म का विधान है ।
संसार कर्म क्षेत्र है
यहाँ कर्म ही प्रधान है ।
जीव और ईश्वर की
अवधारणा यहाँ उत्कृष्ट है ।
जीव उस परम शक्ति से ,
विलगित उसका अंश है ।

काल के अनुरूप जीव का
पुनः उसमें विलय और अंत है ।
करो पालन इस धर्म का
देता यह दिव्य शक्ति है ।
इस ज्ञान का नहीं कोई
अपभ्रंशित पाठ है,
अनादि शक्ति का श्रेष्ठतम पाठ है ।
सनातन वह जलधि है
जिसकी न कोई परिधि है ।
मानव हृदय में इसकी व्यापकता
इसका व्यास है ।
सनातन धर्म के स्वरूप की
व्याख्या योग्य नहीं कोई शब्द है ।
सनातन धर्म ही मात्र
मनुष्य को देता परित्राण है ।

१३. मुझे मेरी तलाश है

दुनिया की इस भीड़ में
आज मुझको मेरी तलाश है ।
मैं कौन हूँ
मेरा क्या स्वरूप है?
इस जिज्ञासा में
मुझे मेरी तलाश है ।
जगत् की मेरी इस मंडली में
विविध रूप में मेरी पहचान है,
कहीं शारीरिक स्वरूप,
कहीं रिश्ते से बनीं पहचान है ।
पहचान के इस द्वंद्व में,
मुझे मेरी तलाश है ।
आलोचना प्रत्यालोचना,
हो रही अपार है ।
मूल्यांकन ,विवेचन
और कहीं होता उपहास है ।
अस्तित्व बोध हेतु
मुझे मेरी तलाश है ।
कभी प्रतिष्ठा कभी उपेक्षा,
व्यक्तित्व बोध अज्ञात है

मुझे मेरी तलाश है ।
विविध रूप में जन मानस ने
है स्वीकृत किया,
प्रत्येक ने अपने अनुरूप है
वर्णित किया ।
शब्दों के इन्द्रजाल में
मुझे मेरी तलाश है ।
स्वयं के स्वरूप पर मन में
उठा विरोधाभास है
आज मुझे मेरी तलाश है ।
यहाँ नाम रूप यश
आकलन की कसौटी है
इस प्रक्रिया से मुझे विरक्ति है
इस भ्रमजाल में
मुझे मेरी तलाश है ।

१४. कैसे व्यक्त करूँ आभार तेरा

प्रति क्षण प्रति पल है साथ तेरा,
कैसे व्यक्त करू आभार तेरा ।
गहन वन और गरजते गगन
काले नाग सी वह रात काली ।
डूबी हुई साँसें हमारी
और व्यग्रता थी अपरिमित ।
किन्तु अप्रत्यक्ष शक्ति तुम्हारी,
बन गयी शक्ति हमारी ।
है अद्भुत उपकार तेरा,
कैसे करूँ व्यक्त आभार तेरा ।
जीवन के हर विषम पल में
तुम कभी जुगनू से चमके।
कभी वह दिव्य ज्ञान
हुआ हर शंका का समाधान ।
कैसे करूँ व्यक्त आभार तेरा ।
मेरा अदम्य साहस और उद्गास,
तेरे शौर्य का है प्रभास ।
प्रति क्षण है तेरा मुझ पर उपकार,
कैसे करूँ व्यक्त आभार ।
क्लांत शांत मन जब होता है

तेरी कृपा मुझको ढाढ़स दे जाती है ।
मेरे संकट का होता है निस्तार
कैसे करूँ व्यक्त आभार ।
कोई कहता तुम्हें दिगम्बर
पहचान तुम्हारी डमरू बाघाम्बर,।
जगत् के दाता और प्रणेता
तुम तो हो चक्रवर्ती सम्राट।
कैसे करूँ व्यक्त आभार ।
अज्ञानता और अहंकार वश
परमसत्ता को है देते चुनौती
आँकते है उसे भी जगत के व्यापार तक ।
हे सृष्टि के अधिष्ठाता
कैसे करूँ व्यक्त आभार तेरा ।
तूने है किया अगणित कल्याण मेरा
किस भाँति कर दूँ शब्दों में सिमित
यह अनंत स्नेह उद्गार मेरा ।

१५. गीता में जीवन सूत्र

है नहीं गीता मात्र एक ग्रंथ,
जीवन साधना का है यहाँ मूलमंत्र ।
यह ग्रंथ ज्ञान का सागर है,
इसमें वर्णित वैदो का सार है ।
जीवन की यथार्थता और,
जीवन के कर्म की व्याख्या विस्तार है ।
जीवन की समस्याओं का,
यहाँ सरल समाधान है ।
सुखमय जीवन सूत्र का,
यह विस्तृत विज्ञान है ।
धृतराष्ट्र के मोहजनित विषाद का,
यहाँ पूर्ण आख्यान है ।
भीष्म के कर्म और प्रतिज्ञा का,
मार्मिक दृष्टांत है ।
वीर धनुर्धारी अर्जुन जब,
निज कर्म पथ से विचलित है हुआ,
कृष्ण ने गूढ़ ज्ञान कर्म का,
रणक्षेत्र में गीता स्वरूप है दिया ।
रणक्षेत्र में स्वजनों को देख,
अर्जुन का मायावी हृदय द्रवित हुआ ।

रण से विमुख होने का है निश्चय किया,
कर्मनिष्ठता के ज्ञान से युद्ध को प्रेरित हुआ ।
कृष्ण ने कर्म निष्ठा का पाठ,
गीता स्वरूप प्रणीत है किया ।
नश्वर जगत् की मायाजाल का ,
निरूपण यहाँ है किया ।
जीवन धर्म और कर्म के संघर्ष की रणभूमि है,
यहाँ विवेक और ज्ञान शस्त्र सी विभूति है ।
दुर्योधन की विवेक शून्यता ने,
आहूत युद्ध को किया ।
युद्ध की विकरालता,
युग का महाकाल हुआ ।
राग द्वेष ईर्ष्या और अहंकार,
जीवन में विनाश के स्रोत हैं ।
महाभारत का युद्ध
घृणा द्वेष से ओत प्रोत है ।
मोह माया मुक्त कर्म,
गीता का ज्ञान है
सहनशीलता और परमार्थ,
जीवन का संज्ञान है ।
मोह कायरता और विषाद व्यर्थ है,
संघर्ष और कर्म सफलता की शर्त है ।
सुख दुख का द्वंद्व युक्तिहीन है,
अनित्य जगत में समभाव कर्म विहित है ।
यह शरीर जन्म ज़रा और
मृत्यु के अधीन है ।
आत्मा अदाह्य अशोष्य और

जन्म जन्मांतर कालातीत है ।
यह आत्मतत्व द्रष्टा श्रोता
वक़्ता और अविनाशी है ।
इसके हेतु शोक करना,
अज्ञानता की निशानी है ।
यह जगत कर्म प्रधान है,
दैव और दैत्य की कर्म से पहचान है ।
गीता में विहित और अविहित कर्म
उल्लिखित है,
चोरी झूठे व्यभिचार छल-कपट,
यह सब निषिद्ध है ।
निर्लिप्त भाव कर्म ही करते,
जीवन को समृद्ध है ।
मान सम्मान तृष्णा विहीन
कर्म उत्कृष्ट है ।
शरीर और संसार का
संबंध परिवर्तन शील है ।
समस्त प्राणियों के लिए,
हो दयाभाव यह उत्तम शील है ।
जिस कर्म में आसक्ति और स्वार्थ है,
वह कर्म दुखद और व्यर्थ है ।
गीता का ज्ञान
सफल जीवन का मंत्र है,
सुख-दुख मे समभाव का संयंत्र है ।

१६. मैं तो एक पत्थर हूँ

मैं तो एक पत्थर हूँ,
कभी उपयोग,सदुपयोग और
कभी दुरूपयोग
विविध रूप में प्रयुक्त हूँ ।
त्याग और बलिदान की है मेरी वृत्ति,
कभी जगत को है नहीं यह स्मृति ।
कभी तोड़ कर खेतों का
मेड़ है बनाता,
कभी मुझे महलों की,
चहारदीवारी में है लगाता ।
किन्तु मेरे अस्तित्व को
स्वीकार कभी नहीं किया गया ।
सिर्फ़ मेड़ और दीवारों की,
प्रशंसा किया गया ।
मैंने सभ्यता के विकास में
सहयोग सदा ही है दिया ।
किन्तु सभ्यता की विशेषता का ही
सदैव गुणगान है हुआ ।
वृहत पहाड़ से टूट कर
अस्तित्व मेरा बिखर गया,

प्रहार सहन कर टुकड़ों में,
मानव हित समर्पित हुआ ।
सड़क में उपयुक्त हो,
यातायात को है सुविधा युक्त किया ।
किन्तु मेरा नहीं सड़क के,
स्वरूप को सराहा गया ।
कभी पुल के निर्माण में
उसका हिस्सा हुआ ।
कभी समंदर के तटबंध हेतु ,
तट में मुझे बांधा गया ।
वृहत चट्टान के स्वरूप का,
अहंकार कभी नहीं किया ।
विस्फोटकों के आघात सहन कर,
निज चेतना को मैंने प्रसुप्त किया ।
कभी हथौड़े से तराश कर,
किसी मन्दिर की मूर्ति बन गया ।
किन्तु महिमा मंडन मूर्ति और,
शिल्पकार के कला सौष्ठव का हुआ ।
जब किसी को आघात करने हेतु,
उपयोग मेरा किया गया ।
यह चोट पत्थर का है,
उस वक़्त यह कहा गया ।
है कैसी विडंबना जगत् में यहाँ,
दुरूपयोग होने पर
मेरे मूल रूप का चर्चा हुआ ।
आज मानव समाज में,
नारी का कुछ यही स्वरूप है।

नारी के योगदान का
कुछ ऐसा ही प्रारूप है ।
कभी सदुपयोग तो
कभी दुरूपयोग है ।
किन्तु किसी भी धर्म और मर्म को
इसका नहीं तनिक क्षोभ है ।
अहिल्या का स्वरूप भी,
प्रस्तर शिला बन गया ।
है इतिहास साक्षी
इक नारी के साथ क्या हुआ ।

१७. निर्झरिणी की धारा

मैं हूँ एक निर्झरिणी की धारा,
उच्च शिखर मेरा उद्गम स्थल है ।
विस्तृत मेरी अगणित शाखाएँ है ।
लक्ष्य हमारी सागर की लहरें,
उत्प्रेरित ताल तरंगें है ।
मेरी धाराओं में सन्निहित ,
लता वृक्ष की ख़ुशबू है ।
पत्थर मिले राह में जितने ,
सिमटे इनमें उनके भी आरज़ू है ।
मेरी धारा में प्राणियों की,
तृष्णा भी अवशोषित है ।
रेत कण की भी प्रीति,
इस धारा में अवगुंठित है ।
मार्ग के अवरोध विरोध का,
है नहीं तनिक प्रभाव मुझ पर ।
अवरोध पाकर तीव्रतर
हो रही धारा निरंतर ।
विस्तार निरंतर हो रहा है मेरा,
निर्बाध कल कल बह रही है धारा ।
है हार नहीं माना मैंने इन तटबंधों से,

करती हूँ विस्तार अपनी,
मिट्टी के कटाव से ।
मेरी आँचल जलचर की पालना है,
चाँद तारों की अठखेलियों का अँगना है ।
भारत माँ के वीर सपूतों के,
संरक्षण में है मेरी निर्बाध गति ।
इन वीरों के शौर्य पराक्रम को,
है मेरी नमन कोटि कोटि ।
है मेरा स्वरूप निश्छल और पारदर्शी,
ठोकरें खाकर भी है नहीं कोई विरक्ति ।
समरसता मेरे जीवन की शैली है,
निष्काम कर्म मेरी कार्य शैली है ।
जलधि में विलय होना मेरी नियति है,
किन्तु मेरी हर बूँद परमार्थ में समर्पित है ।
जीवन का सदैव ही
उद्देश्य और अर्थ है ,
जो नहीं समाज हित,
जीवन वह व्यर्थ है ।

१८. तुम नाथ हो हमारे

तुम नाथ हो हमारे
क्यों कर मुझे बिसारे ।
इक आसरा है तेरा,कोई नहीं है मेरा ।
तुम हो जगत के स्वामी,
और हो अंतर्यामी ।
क्या खोट मुझमें देखा,
जो कर लिया किनारा।
तुम नाथ हो हमारे क्यों कर मुझे बिसारे ।
मेरे हृदय में शायद,
कोई शुद्धता नहीं है,
इस हेतु तेरी मुझ पर
इक दृष्टि भी नहीं है ।
तुम नाथ हो हमारे क्यों कर मुझे बिसारे ।
है कौन सी कलुषता
मुझको पता नहीं है,
किस भाँति जान पाउं
ज्ञात यह विधा नहीं है ।
तुम नाथ हो हमारे क्यों कर मुझे बिसारे ।
निज प्रार्थना पर मुझको
होता नहीं भरोसा,

किन्तु शरण जो आई
होगी कृपा है आशा ।
तुम नाथ हो हमारे क्यों कर मुझे बिसारे ।
तुमने दिया जो मुझको
सर्वस्व है समर्पित,
मेरा नहीं है कुछ भी
जो कर सकूँ मैं अर्पित ।
तुम नाथ हो हमारे क्यों कर मुझे बिसारे ।
रहे पावन मेरा अंतर्मन
करूँ सतत तुम्हारा चिन्तन ।
व्यर्थ नहीं कोई भी पल हो,
मेरी आस्था प्रबल हो ।
तुम नाथ हो हमारे क्यों कर मुझे बिसारे ।
मेरे हृदय में वास कर लो,
मुझको चरण में रख लो।
आँकना न मेरी क्षमता,
समझो मेरी विवशता ।
तुम नाथ हो हमारे क्यों कर मुझे बिसारे ।
हो रही है जीर्ण शीर्ण काया ,
और है प्रभावी माया ।
मेरा धैर्य भी है टूटा,
लगता जगत् है झूठा ।
तुम नाथ हो हमारे क्यों कर मुझे बिसारे ।
मुझमें कोई योग्यता नहीं है,
सहृदयता भी नहीं है ।
कुछ शब्दों में भावना को लेकर ,
है करबद्ध तुझको अर्पण ।

हूँ खड़ी आज तेरे द्वारे,
त्याग दोगे कि थाम लोगे
है हाथ में तुम्हारे ।
तुम नाथ हो हमारे क्यों कर मुझे बिसारे ।

१९. समय का सम्मान

समय सदा ही गतिमान है,
युग पुरूषों ने किया
सदा इसका सम्मान है ।
जो चला नहीं समय के अनुरूप है,
कालक्रम में स्वतः होते वे विलुप्त हैं ।
समय की कसौटी पर
जीवन जीना धर्म है,
समय का महत्व,
सफलता की शर्त है ।
आज ग़र किया नहीं
समय का सम्मान,
समय कल करेगा
तुम्हारा अपमान ।
इतिहास साक्षी है
हर काल की विभूतियाँ
स्वीकार करती रही
समय की चुनौतियाँ ।
अतीत का विलाप ग़र
करोगे आज तुम,
वर्तमान में विषाद का

करोगे प्रसार तुम ।
आज का संसाधन
विनष्ट हो जायेगा,
सफलता का मार्ग
स्वत: अवरुद्ध हो जायेगा ।
समय वर्तमान का
प्रकाश और नेत्र है ।
समय का सम्मान कर
कर्म करना श्रेष्ठ है ।
कालचक्र की गति में
हो रहे सब अन्तर्विष्ट है ।
किन्तु कर्म की विशेषता
बनाता उनको विशिष्ट है ।
समय बड़ा ही मूल्यवान
और क्रियमाण है ।
समयानुकूल कर्म
उसके मूल्य का प्रमाण है ।
दिवा रात्रि की परिधि में
इसका विस्तार है ।
इसके आगोश में
समस्त प्राणियों का संसार है ।
समय का सम्मान करना
सृष्टि से प्यार है ।
संतुष्टि शांति और प्रगति,
समय के सम्मान का उपहार है ।

२०. मिला नया संसार है

तुम्हारी यादों की छवि
अब नहीं अवशेष है,
आपदा की रात काली
हो रही निस्तेज है ।
प्रात की अरूणाभ किरणें,
कर रही शृंगार है ।
व्याप्त हो रही नई उर्जा
छाई नई बहारें है ।
त्याग कर सब कुछ
मिला एक नया संसार है ।
मन प्रसन्न और चित्त शून्य है ।
अनुभूत हो रहा
मुझको शुकून है ।
उन्मुक्त स्वर से करती हूँ
आज उषा का अभिनंदन ,
यातना की है नहीं आशंका कोई,
शांति है और महक रहा है चन्दन ।
मन की कुंठा हो गई विदा
नहीं अब कोई घुटन ।
त्याग कर सब कुछ मिला

इक नया संसार है ।
मेरी आशाओं की शिखा
दिव्य ज्योति प्रदीप्त है ।
आज दिव्य प्रभास से प्रभासित
अवनी और अम्बर है ।
शबनम की बूँद में भी,
मेरी आशा का विकिरण है ।
त्याग कर सबकुछ मिला
इक नया संसार है ।
खग-वृंद सा मिला मुझको
अपरिमित गगन है ।
आज ख़ुशियों से मैं झूमू
चित्त मेरा मगन है ।
चिर-प्रतीक्षित मुस्कान
आज अधरों पर आईं है ।
आज नहीं कोई प्रताड़ना,
नहीं किसी की दुहाई है ।
त्याग कर सब कुछ
मिला इक नया संसार है ।
मेरी मन की इच्छा शक्ति
आज प्रबल है हो रही ।
निरीह प्राण थे मेरे,
आज जीवन्त हो रही ।
ज़िन्दगी और मौत के मध्य
जीवन शक्ति हीन थी ।
वेदना की तरंगें
व्याप्त असीमित थी ।

त्याग कर सब कुछ
मिला इक नया संसार है ।
यह हृदय उच्च स्वर से
आज है कह रहा,
वह धृष्टता और प्रताड़ना का
प्रसार अब नहीं रहा ।
मेरी पंखों को मरोड़ दे,
आज किसी का अधिकार नहीं ।
वह घृणा और वक्र दृष्टि,
अब मुझे स्वीकार नहीं ।
त्याग कर सब कुछ
मिला इक नया संसार है ।
कल तक था
तुम्हारी आहट का भय ,
आज है कोई शंका नहीं,
आज मन मेरा निर्भय शालीन है ।
इस नई ज़िंदगी में
मैं प्रबुद्ध उद्बुद्ध हूँ ।

२१. समय कहीं ठहर गया

रेत की तरह समय फिसलता रहा,
हवा के साथ तीव्र वेग से बढ़ता रहा ।
किन्तु मुझको आज क्यों प्रतीत हो रहा ,
समय कहीं ठहर गया ।
समय के गुज़रने का प्रमाण,
दे रही है यें विकसित कोंपलें ।
नदी की तीर भी निज प्रवाह में
समय समेटे बढ़ रही वेग से ।
ये बाल-वृंद जो क्रीड़ा स्थल में,
नित्य थे हलचल फैलाते ।
आज युवा बन शांत भाव से,
उस स्थल को है निहार जातें ।
काल के प्रवाह में
समय बहुत बदल गया ।
किन्तु मेरा मन है कह रहा ,
समय कहीं ठहर गया ।
घर की उस दीवार पर,
अवशेष कोई मेरी नहीं।
उस मिट्टी के रंगों में
मेरी होली का कोई रंग नहीं ।

सब विस्मृत करता है मन
फिर क्यों प्रतीत हो रहा
समय कहीं ठहर गया ।
यादों को पीछे छोड़ चुकी,
स्वयं को समय की गति से बांध रही ।
वक़्त है गुजर गया,
उम्र भी
एक पड़ाव पर है आ गया ।
किन्तु अतीत आज भी,
वर्तमान में है रह गया ।
क्या समय कहीं ठहर गया ?
तीक्ष्ण वेदना के पल याद कर,
है आज गला रूँध गया ।
प्रतीत मुझको हो रहा,
वह व्यतीत नहीं वर्तमान रह गया ।
समय क्यों ठहर गया ?
किया अथक प्रयास है,
स्वयं को वर्तमान में विलय किया ।
किन्तु बिजली सा कौंध अतीत है कह रहा ,
,समय कहीं ठहर गया ।
परिवर्तन शील धरा पर,
बहुत कुछ बदल गया ।
किन्तु वर्तमान की कड़ी में
अतीत कहीं ठहर गया ।
जगत की चेतना और प्राण में,
मनुष्य की भावना और चाह में ।

कोई पल है सिमट गया,
हाँ समय वहीं ठहर गया ।

२२. चौराहा

शहर और सड़क की है शान चौराहा ,
मुहल्ले वासियो का है आँगन ये चौराहा ।
सम्मान और श्रद्धा प्रभूत स्थल ये चौराहा,
महापुरुषों की प्रतिमा स्थापना स्थल ये चौराहा
दुकान और ठेला का मुख्य स्थान है चौराहा,
चाय के आनंद का मुक़ाम है चौराहा
प्रियजनो के वार्ता का अहसास है चौराहा ।
ताम्बूल के विविध स्वाद का
प्रतिनिधि है चौराहा ।
विचारों और मित्रता की परिधि है चौराहा ।
चतुर्दिक पथिकों का संगम स्थान है चौराहा ।
पथिकों को उनके मार्ग का संज्ञान है चौराहा ।
बेबस लाचार के भिक्षाटन का स्थान है चौराहा
वितरण और दान के लिए प्रधान है चौराहा ।
सांस्कृतिक समारोह के लिए
अभिसार स्थान है चौराहा ।
धार्मिक जुलूस का प्रस्थान स्थान है चौराहा ।
विश्रांत का विश्राम स्थान है चौराहा ।
विवाह की बारात और विदाई की शहनाई
सभी को प्रतिध्वनित करती है चौराहा ।

आगन्तुकों का स्वागत आतिथ्य,
सम्मान पूर्वक करता है चौराहा ।
मधुर हास्य और विनोद का केंद्र है चौराहा ।
किसी विज्ञापन के लिए
मुख्यता प्राप्त है चौराहा ।
आंदोलन का स्थान बन
क्षुब्ध होता है चौराहा ।
धरना प्रदर्शन हेतु तम्बू का स्थान
बन जाता है चौराहा ।
तीव्र स्वर नारेबाज़ी का
दंश झेलता है ये चौराहा ।
दंगाइयों के आक्रामक व्यवहार का
प्रतिकार करता नहीं है चौराहा ।
निर्दोष होकर भी पुलिस चौकी का
निशाना बन जाता है चौराहा ।
विविध क्रियाविधि का भंवरलाल है चौराहा
स्वयं में स्मित और विस्मित है आज चौराहा ।
दुरूपयोग से हुआ आज आहत ये चौराहा ।
शांति का अनुरोध करते हैं यह महापुरुष
यहाँ दे रहा संदेश चौराहा ।
वस्तुतः संस्कृति का प्रमाण है चौराहा ।
मानव सामाजिक मूल्यों का
प्राण है चौराहा ।

२३. तृष्णा

आज तृप्ति की नहीं है कोई कसौटी,
रह गईं हैं आज तृष्णा की
अप्रत्याशित सूची ।
जन मानस है आज अप्रतिम तृषित,
व्याप्त हैं अप्रसन्नतता और मन व्यथित ।
पर्याप्तता और संतुष्टि का संप्रदाय
जीवन में रहा नहीं यह अध्याय ।
मानव के जीवन की तृषा और रिक्तता,
पर्याय इसके है बना समंदर की विशालता ।
यथार्थता की धरातल से नहीं परिचय इन्हें,
तृष्णाओं की धरा से है अन्वय इन्हें ।
प्राप्त संसाधन शून्य सा होता है प्रतीत,
अन्तस की शून्यता हो रही आज शंकित ।
तृष्णा की प्राचीर है अभेद्य और सुदृढ़,
चेतना उसमें है आबद्ध और अदृश्य ।
सभ्यता की दौड़ में है विस्मृत लोकलाज,
संस्कृति हो रही बावली व्याप्त है व्यभिचार ।
न्याय और अन्याय है नहीं विचारार्थ,
भौतिक उपलब्धि है जीवन का सत्यार्थ।
अर्थ और वर्चस्व जीवन का सारांश है,

मृगतृष्णा और तृष्णा समन्वित श्वास है ।
ज्ञान और विज्ञान ने
दृश्य दृष्टिकोणों को परिवर्तित है किया ,
और ज्ञान चक्षु के प्रबोध को
तिरोहित है किया ।
तथ्य और कथ्यों में है नहीं समता,
रिश्ते की है नहीं आज कोई मान्यता ।
प्राप्ति और संतृप्ति की
है नहीं कोई परिभाषा ,
है आज उद्विग्न मन
और अतृप्त अभिलाषा ।
संग्रहशीलता की प्रवृत्ति
है दृढ़ और प्रबल
अपरिग्रह की वृत्ति है निरीह निर्बल ।
जीवन की कालावधि हो रही सीमित,
किन्तु तृष्णा रह गई अब भी असीमित ।

www.ingramcontent.com/pod-product-compliance
Lightning Source LLC
Chambersburg PA
CBHW060352050426
42449CB00011B/2951